The book is published with the support of the Georgian National Book Center and the Ministry of Culture and Sport of Georgia.

© 2018 Verlag Das Wunderhorn GmbH
Rohrbacher Straße 18
D-69115 Heidelberg
www.wunderhorn.de
Alle Rechte vorbehalten. Kein Teil des Werks darf in irgendeiner Form (durch Fotografie, Mikrofilm oder ein anderes Verfahren) ohne schriftliche Genehmigung des Verlags reproduziert werden oder unter Verwendung elektronischer Systeme verarbeitet, vervielfältigt oder verbreitet werden.
Gestaltung & Satz: Leonard Keidel
Druck: NINO Druck GmbH, Neustadt/Weinstraße
ISBN: 978-3-88423-593-5

Bela Chekurishvili

Barfuß

Gedichte

Aus dem Georgischen
von Norbert Hummelt
Interlinearübersetzungen: Lika Kevlishvili

Wunderhorn

für Matthias

Auf dem Glatteis

Einfache Fahrt

Fortgegangen bin ich ohne Rückfahrkarte,
ohne Aufstand, Lärm, Theater,
hab den Brunnen nicht vergiftet, noch verbrannte ich die
    Brücken hinter mir.
Ohne Kommentar bin ich gegangen,
so wie es die Helden in den Büchern tun,
in ein Jenseits oder Diesseits,
und sie wissen immer, das ist Schicksal, und sie stellen keine
    Fragen.

Hab gedacht, ich komme niemals wieder,
und in den Erinnerungen, die Bedeutung haben,
strich ich alle wesentlichen Namen,
und jetzt ist dort nur ein weißer Fleck:
Die weißen Strümpfe von der 1. Mai-Parade,
der Backofen der Großmutter mit dem frischen Brotgeruch,
und Großmutter ist selber weiß geworden, weiß vom Mehl und
    von den vielen Jahren.
Vaters Garten der Wassermelonen und Großvaters Weinberge
    nicht zu vergessen.

Fortgegangen bin ich ohne Rückfahrkarte.
Vielleicht erscheint es manchem auch als Flucht.
Womöglich wird sich mancher sagen, ich hätte das Alleinsein
    nicht mehr gut ertragen,
Zweifel hätten mich heimgesucht,
die Armut hätte ihres dazu beigetragen,
auch hätte ich mich nicht geliebt gefühlt,
oder die Abenteuer hätten ausgespielt.
Nachreden gehen uns hinterrücks an,
wenn es auch niemand laut aussprechen kann,
dass wir immer auf ein Zeichen warten,

wir lauern vorsichtig, ob was im Wege steht,
und dieses Etwas ist vielleicht der Weg,
der weite, unbekannte,
aus uns selbst heraus,
wenn keine Antwort mehr vonnöten ist und du auch selber
        keine Antwort gibst,
wenn nichts und niemand da ist, der dich stützt,
und du gehst fort,
ganz gleich, wie lange und an welchen Ort.

Wenn

Wenn es so ist, dass die Erde sich in Jahreszeiten teilt
und du ein Zugvogel, der nicht verweilt
wenn alles sich auf Erden in Geschlechter gliedert
und nach Namen streng geordnet ist,
und wenn dein Wort kein Gott ist,
nur ein Klang, dann ist es dort auch nie gewesen,
und was kannst du dagegen tun?

Leg deine Hände vor dich auf den Tisch
und mache ihnen ernstlich klar,
wenn sie nicht spuren,
machst du es wahr,
wenn sie es nicht lassen können,
das Schreiben nochmals zu beginnen,
werden sie von dir getrennt
und als Andenken im Flur an den Haken drangehängt.

Gib gut auf diese beiden acht,
auf die Linke wie die Rechte,
lass dich nicht von ihnen täuschen,
weil sie Eidechsen so gleichen, reglos in der Sonne liegen
und flugs in Felsspalten verschwinden.

Ganz egal ist, was sie schreiben wollen,
Bitte und Beschwerdebrief,
Gedicht oder Märchen, Fabel, Scharade,
(denn das ist es ja gerade),
so sie nur Buchstaben zu einem Wort verbinden,
geben sie dich auch schon preis,
deine Wünsche und Gedanken, deine Lust wird hochgeladen,
und dann wickeln sie dich

in Bandagen
wie den Pharaonenleichnam.

Und die Augen,
kann man ihnen trauen?
Springen rum von hier nach dort,
wie junge Mädchen in der Disco.

Immerhin, sie können schwarz und weiß gut unterscheiden
und spähen eines Tages solche Farben aus,
die leuchtend sind und blenden können.

Merk's dir, mach deinen Augen ernstlich klar,
wenn sie nicht spuren,
machst du es wahr,
du reißt sie aus, wirfst sie den Krähen vor,
sowohl das linke wie auch das rechte,
vielleicht hören sie dann mit dem stillen Glotzen auf
und schauen lieber interessiert,
was in der Stadt so los ist, auf den Straßen,
was in der Landschaft so passiert.

Epithalamion

> *„Sie lassen die Schuhe auf der Brücke und springen barfuß"*
>
> Lisi aus Japan

Ich habe mir die Schuhe ausgezogen und lasse sie vor der
    Türe stehen.
Zeit, dass ich die Schwelle überschreite, eintrete und sesshaft
    werde.
Zeit, dass ich meine Stadt abstreife, wie ein Kleid.
Zeit, alles hinter mir zu lassen,
auch die Küsse auf der Parkbank,
den Regen, der uns überraschte,
die Nächte auch, die ich verquatschte, mit Freundinnen am
    Telefon.
Die Märchen, die mir Vater vorlas,
Lieder von zerkratzten Platten
und die Tagebuch-Gedichte.

Ich muss die Wörter aus den Haaren schütteln
und die Menschen meinem Arm entreißen,
die Steine von der Halskette, die Erdkrumen von meinem
    Kleid, die Freunde aus dem Herzen.
Meine Ecken, meine Kanten muss ich glätten, all meine
    Facetten,
die Narben, Hügel und die Berge,
damit ich sanft und biegsam werde,
und so schwimme ich von mir zu dir.

Barfuß bin ich.
Noch ein Schritt, dann bin ich schwerelos,
was am Anfang wunderbar ist,

wie bei Sonnenuntergang im Meer zu schwimmen,
wie der erste Milchschluck, den man hatte,
wie wenn man zwischen Schenkel fasst, oder schaukelt in der
      Hängematte.
Aber die Angst vor der Unendlichkeit tränkt alles mit der Qual
      der Zeit,
sie zerteilt uns und verschluckt uns,
lauthals lachend zerrt sie uns zurück in den geschlossenen
      Raum.
Ich weiß das alles
und rühre mich kaum.
Wie Frost im Spätherbst, Zeiger einer Uhr,
Komet ohne Schweif, Nacktsein im Sommer, und wie eine Tür.

Märchenbuch

Wir beide haben keine Stadt für uns, mit einem Drecksfluss,
keine Häuser, die von früher künden,
uns tränten nicht zu zweit die Augen in der Lindenblütenzeit,
wir haben keine Viertel, um damit zu prunken,
kein rotes Halstuch, das wir beide trugen,
uns eint nicht die Erinnerung an Lagidze-Wasser*
und die Schlange vor dem Keller, wenn es Adjaruli Khachapuri**
 gab.
Uns fehlen die gemeinsamen Bekannten, über die wir sagen
 könnten,
„wo ist der denn hin", „was ist der alt geworden", „weißt du
 noch…"

Und es scheint mir so,
dieser Weg, auf dem wir wandeln,
ist gar keine richtige Straße, sondern ein gefrorenes Flussbett,
nirgendwo liegt was herum, um sich an den Fuß, die Hand zu
 fassen,
und unsere Wörter „Liebe", „Haus" und „Alter"
gefrieren oben in der Luft, und wie Steine fallen sie herab.

Du denkst,
das Wichtigste sind unsere Fußabdrücke,
die wir hinterlassen haben
(man braucht nicht Namen oder Initialen)
und du denkst auch, dass es wichtig ist,
dass wir eine Richtung finden,
um geradeaus zu gehen.

Ja, du hast womöglich recht,
wenn wir uns wie Schnecken regen,
unser Haus im Rücken tragen

und die Liebe ins Gehäuse sperren,
wenn wir das Älterwerden dulden,
wird man einmal von uns sagen, ja, sie geben so ein Bild ab,
wie man es kennt aus Märchenbüchern.

* um 1900 von Mitrofan Lagidze in Tbilisi erfundene Fruchtlimonade
** Hefeteig mit Schmelzkäse und Ei, in Form eines Schiffes

Auf halbem Weg des Menschenlebens... (Dante Alighieri)

Für Norbert Hummelt

Wir haben einander so viel zu erzählen,
das Sonnenlicht brauchen wir gar nicht dazu.
Es reicht, wenn wir die trockenen Blätter unter unseren Füßen
    rascheln
und die alten Äste knacken hören, wenn wir darauf treten.

Dieser Wald, so finster ist er nicht.
Unser halbes Leben liegt schon hinter uns,
das heißt, wir haben viel geredet, viel gestritten, viel geschrien
und lernen jetzt, einander zuzuhören,

unseren Geschichten, die aus zwei fremden Tälern stammen,
auf fremden Bergen überwintert haben,
und deren Helden fremde Schriften schreiben
und einander nie begegnet wären ohne dich und mich.

Du hast gesagt, du kennst den Weg hier gut, und ich verlasse mich
    auf dich.
Denn wenn du ein Freund bist, muss ich dir vertrauen
und mich auf dein Wort verlassen,
dass wir es schaffen, raus aus diesem Wald,
dessen Zauber von der Tiefe rührt,
wo die Farben dunkler werden und die Stimmen schauriger.

Der starke modrige Geruch macht, dass wir noch lieber reden,
und behutsam breite ich mein Herz vor dir,
so wie mein Vater mir einmal erzählte, was er vom Hörensagen
    wusste, über einen Mann,
der war ein Baum, und eines Tages nahm er einen Vogel samt

seinen Jungen bei sich auf.
Später wurden alle flügge und flogen aus dem Nest davon.
Er aber stand wie angewurzelt und wartete, bis dass sie wiederkämen,
dabei verdorrte er und starb.

Der alte Garten

Krank bin ich nicht, ich weine nur, den bösen Blick zu bannen.
Die Schmerzen blieben sonst dem Weitgereisten fern.
Wie soll man sonst Empfindsamkeit erlangen,
die Einsamkeit erschüttert man nicht gern.
Fährt wirbelnd unter Dinge und Gedanken auch der Wind,
dass alte Briefe und Papiere aus der Tasche fliegen,
die längst vergilbt und matt geworden sind
und deren Sinngehalte im Vergangenen liegen.

Reg dich nicht auf, denn so passiert es halt,
wenn du dich rumtreibst: deine abgelebten
Gefühle und Gedanken werden in dir kalt.
Erst schleichst du nur, dann sind die festgelegten
Regeln und Grenzen plötzlich übertreten
und alles, was du je besessen hast,
sperrst du ins Schließfach für Vergangenheiten,
was dir am Hals hing, was du trugst als Last
und heimlich in dir aufzogst, hast du abgelegt,
so dass du nackig einen Salto schlägst
und dich endlich für erwachsen hältst.

Du kennst mich ja, ich wähl die Wörter gerne,
dass sie wie Hähne stolz im Hof posieren,
im Dunkeln leuchten sie so hell wie Sterne
und können meine Wünsche reflektieren,
verweigern selbst dem König einen Gruß.
Die schick ich meinen Freunden, weil sie darauf stehen,
sie kriegen sie gleich morgens mit der ersten Post
und du kannst sicher sein, dass ich nicht weinen muss,
ich wollte nur mal kurz den alten Garten sehen.

Töne aus dem Steinbruch

Wir trafen uns, doch traten wir nicht ein
in das, was uns als Gegenwart umgab.
Ich sprach zu ihm: Jetzt bist du hier, aber was mach ich nun mit dir?
Ich würde dir eine Dachkammer geben, hätte ich nur ein Haus,
doch ist hier nicht einmal ein Hof, dass du dort dein Zelt aufbaust.

Du dagegen willst in deiner Wohnung nicht mal einen Schrank
       wegschieben,
um ein Sofa für mich aufzustellen,
dabei ist deine Badewanne doch so breit,
und Kerzen duften rund herum und haben roten Flammen!

Er aber gab mir diesen Bescheid:
Was uns als Gegenwart umgibt, sind nur die Worte,
wovon wir träumen, was wir reden,
aber eine Form für sie kann ich nicht geben.
Ich kann damit nicht Wände und ein Dach aufbauen,
auch kann ich nicht den Raum mit Dingen füllen, oder zur Zierde
Zimmerpflanzen stellen.

Er aber gab mir diesen Bescheid:
Wir können, wenn du willst, doch Wörter tauschen,
ich kann dich lehren, wie man sie ordnet und mit ihnen baut, mit
       Kunst.
Ich suche mir bei dir die Wörter, Silben, Buchstaben heraus
und fülle so den Abstand zwischen uns.

Ich gab zurück: wo wir schon mal hier sind, da wir uns doch trafen,
da wir den langen Weg genommen haben und uns etwas wünschten,
das sich nun erfüllt,
da jetzt das Blut uns in den Adern quillt,
und da es wie Kohle brennend glüht,

schau nur, es strahlt, wo dies geschieht –
da lohnt es sich doch kaum, es nur bei Worten zu belassen,
sie schwinden doch so rasch,
auch kann man sie nicht fassen.

Wir standen voreinander
als brächen wir Stein –
so ähnlich wie unsere Stimmen
müssen Töne aus dem Steinbruch klingen,
wo nichts als Lärm zu hören ist
und jede andere Melodie erstirbt.

Reportage von der Grenzkontrolle

> Ab 28.3.2017: Visumfreie Reise für georgische Staats-
> angehörige in den Schengenraum

Die Wasserflasche nimmt man mit, bloß um sie
    wegzuschmeißen.
Die Hosentasche leert man, um die Hand hineinzutun.
Das Lächeln muss dabei sein, um es auszustreuen.
Der Körper, sich mit ihm zu zeigen.

Wir haben die Kontrolle überstanden, mit roten Strahlen,
    schwarzer Brille,
Nacktscanner und Kamera
und dürfen also überschreiten, uns verteilen und verbreiten,
uns verbinden, mischen und verrühren, wir geben uns der Luft
    zu spüren
wie die Abgase der Autos,
wie die Springbrunnenfontäne,
wie Insektenspray aus einer Dose,
ohne Rücksicht auf Namen, Herkunft und plombierte Zähne,
ob Haare nun gefärbt oder naturbelassen sind.

Sie haben es erlaubt, wir nutzen es.
Wir dürfen das und machen uns klein,
wir dürfen das und wir verlieren uns.
Wir dürfen das und geben willig unsere Rechte her,
alles, was verhindern könnte, dass wir uns verbreiten,
uns verbinden, mischen und verrühren, und geben uns der
    Luft zu spüren.

Weil diese Luft genau das ist, was unsere Urgroßväter aus den
    Federn riss,

was unsre Großväter zwang, sich einen Weg zu suchen,
was unsern Vätern vor den Augen hing und sie erblinden ließ.
Wir haben diese Luft nun zum Geschenk bekommen,
nicht bloß ihren Hauch,
nicht bloß, um mit der Hand zu winken und Seifenblasen vor
    uns her zu pusten.
Wir sind ein Teil von dieser Luft geworden,
wir sind die Traumerfüller unserer Ahnen,
wir selber sind der offene Raum,
wir selber sind die überschrittenen Grenzen.
Und freie Pässe sind wir selber auch.

So können wir uns jetzt
verbinden, uns vermischen und verrühren, wir geben uns der
    Luft zu spüren,
wir können alles Hinderliche von uns schälen
und wie einen Maiskolben verwerfen, den man nach der
    Grenze nicht mehr braucht.
Wir sind ja schon dabei, uns auszubreiten und uns zu verteilen,
wie Abgase, wie Wassertropfen oder Spray.

Gliederfüßer

Die Ereignisse des letztes Jahres
haben wir erst jetzt begriffen.
Jetzt wissen wir,
dass manchmal auch die Schatten lügen,
aber die Rücken der Passagiere
verraten noch stets, wer zu ihnen gehört.
Vergiss es,
vergiss, was die Tanten dir eingebläut haben.
Wir sind instinktgesteuerte Insekten
und können uns nur so verlieben,
dass wir im Netz unserer Irrungen bleiben,
wir sind zerrissen in tausend Teile,
und wenn man uns verlässt,
steht doch unser Charakter fest,
denn ändern werden wir uns nicht.

Aber was wir können,
ist vergessen,
vergessen, was man uns gelehrt,
was man als Wahrheit uns serviert,
wir können
selbst bestimmen, wie weit wir fliegen,
und unsere Fühler darauf dressieren,
wo wir was kriegen.

Bleiben wir allein, holt uns das Mitleid ein
und die Orte, wo wir hingehörten, sehen wir nur noch von hinten,
wenn wir nicht den Wegen unserer Wünsche folgen,
wenn wir den Körper nicht mit Liedern füllen,
uns nicht dem Reißen einer Liebe überlassen.
Meine Freundin von den Gliederfüßern
in der weiten Ferne,

jetzt, wo Vergangenes sich wieder nähert,
du weißt den Tag noch, jeden einzeln,
und wie die Mitschüler dem Alphabet nach heißen,
dann kannst du sicher auch ganz gut begreifen,
wie sich die Einsamkeit anfühlt,
als Straßenmädchen
oder alter Seemann,
als Maskierter in Venedig nach dem trügerischen Fest,
wenn Karneval vorbei ist, und der letzte Rest
von Fröhlichkeit in schwarzer Nacht aufgeht.

Der Nagel

Als ich zum dritten Mal in einem Monat meine Koffer packte
und die Zugfahrkarte löste,
sagte ich aus lauter Angst zu mir,
„Gott, wo ist nur mein Zuhause!"

„Aber wo ist es denn nun, mein Zuhause?"
Lauthals stell ich jedem diese Frage,
ausgestreut in Ländern und in Städten
ziehe ich von Tür zu Tür,
mittellose Pilgerin,
die nur auf den Weg fixiert ist.

„Wo dein Schreibtisch steht,
ist dein Zuhause", teilt mir eine Freundin mit,
und ich sehe sie vor mir, wie sie aufgerichtet neben ihrem
    Schreibtisch steht.
„Wo dein Bett steht", sagt mein Freund zu mir,
„wo wir uns mit den Herzen wärmen
und es schön ist, aufzuwachen."
„Wo immer jemand auf dich wartet, dort ist dein Zuhause",
lacht mein Sohn, der jetzt Student
und drauf und dran ist, ganz weit weg zu ziehen.

Meine Mutter aber hat den Fernseher laufen
und ihr Atemrhythmus folgt den Schritten, die sie von der
    Treppe hört.
Einst war ihre Wohnung voller Kinder,
jetzt ist sie voll mit starren Steinen, die nur immer Leere meinen,
und hinterm Schrank schaut nicht mal eine Maus hervor.

Und ich ziehe zwischen Berg und See
und ich suche mein Zuhause,

einen Ort, um einen Nagel einzuschlagen, meinen Mantel
    dranzuhängen,
und keiner zieht ihn wieder raus,
und keiner wagte mir zu sagen: „Das gehört sich hier nicht!",
oder: „Tu das ja nie wieder!"

Illustrierte

Immer, wenn du mich besuchst
und wir auf meinem schmalen Sofa sitzen,
siehst du mich an
wie die Titelseite einer alten Illustrierten, die dir auffiel,
als du aufs Essen gewartet hast, irgendwo in einem Café.

Der Text ist noch lesbar und auch die Bilder kann man noch
    erkennen,
aber die Seite ist so schräg geklebt, dass man nicht alles entziffern
    kann,
und es strengt dich an.

Du betrachtest Bilder von den Bergen eines fremden Landes
und dir fällt der Tag wieder ein, als du zum erstenmal einen Ball
    getreten hast,
aber du kanntest noch nicht deine Kraft, und er knallte gegen das
    Fenster.

Immer, wenn wir uns Kippen anzünden,
fühlt es sich an, als würdest du in dem Café die Wand anstarren,
wo die Titelseite einer Illustrierten so schräg geklebt ist,
als wollte man damit Löcher im Putz oder Flecken verdecken.
Das macht dich trübselig, weil du weißt,
du kannst sie nicht abreißen und mit nach Hause nehmen
und dort ganz in Ruhe lesen, was sie über diese Zickzack-Berge
eigentlich geschrieben haben, die drohend unter den Wolken
    lagen.

Teppich und Faden

Die Wörter, die ich dreh und spinne auf der Spindel der Gedanken
riechen ganz nach deinem Land, und ihre Farben spiegeln seine
  Wiesen.
Du freust dich, dass dies alles so vertraulich klingt
und kommst gar nicht darauf, dass ich ein Netz der Ängste webe,
von Kopf bis Fuß mich darin einzuhüllen,
so dicht, dass nicht mal Augenschlitze bleiben, um dir einen Wink
  zu geben.

Ich weiß, dies wird mich noch erwürgen,
doch wenn's mir je gelingt, hier wieder rauszufinden,
dann fliege ich mit neuen Farben, neuer Stimme auf dich zu
und breite meine Flügel unter einer neuen Sonne.

Du siehst wohl, dass ich bunte Fäden auf die Wörter ziehe,
aber du kapierst nicht, was ich da so fleißig knüpfe,
wenn ich schlafe, wenn ich wache, mit gesenktem Kopf,
du kommst ganz einfach nicht darauf,
dass Frauen, so wie Schmetterlinge,
von der Raupe bis zum Falter, einen Zyklus leben,
dass sie sich verpuppen können und sich selber Zuflucht geben.

Du kommst nicht drauf, und dir Angst zu machen werde ich mich
  hüten.
(Mit Männern könnte es sich rächen, Veränderungen zu
  besprechen.)
Und bevor du fragen kannst, erkläre ich's dir lieber selbst,
damit du dich nicht aufregst, Liebster, dieser Teppich ist für dich,
damit du in ein altes Märchen reisen
und die Wände unseres Hauses schmücken kannst,
um dich auf diesem Teppich auszuruhen.

Verstreut

für den leuchtenden G.R.

So klein ist unser Land,
wenn wir darüber reden, sehen wir es in unseren
    Innenhandflächen.
Die Häuser, wo wir geboren wurden, aufwuchsen und das Alter
    erwarten,
haben die Eltern von den Großeltern geerbt,
so wie die Königs- und die Heiligenlegenden.

So festgefügt ist dieses Erbe, solide und auf Dauer angelegt,
dass schon die Schule, die wir besuchen, und der Mann zum
    Heiraten feststeht.
Alles kann man in zwei Stunden Fahrt erreichen,
das Meer sogar und auch die Berge sind eine Handbreit nur
    entfernt.
Und die Freunde sind stets um uns, vom frühen Morgen bis
    zum späten Abend,
und in der Nacht ist uns der Himmel rein gemeinschaftlich
    bestirnt.
Und ganz gleich, wohin wir gehen,
sie können uns bei jeder Lüge sehen.

So stark und fest war diese Welt erbaut,
auf alle Zeit so angelegt, lag sie uns als Fundament zu Füßen
und hemmte jeden weiteren Schritt.
Doch neuerdings ist alles anders.
Als sei mit einem Male ein Granatapfel zerspalten,
sind unsere Freunde, Paten, selbst die Alten,
so wie lauter Granatapfelkerne auf tausend Orte in der Welt
    verstreut.

So fehlen uns mit einem Mal die Sterne, die unsere Straßen in
 der Stadt beschienen.
In Social Media sind wir einander nah.
Ausgestreut in virtuelle Welten
sind wir online, permanent.
Selbst wenn wir uns kein Wort mehr sagen, Hauptsache, die
 Leuchte brennt.

Auf dem Asphalt

Manna-Brei*

Die grüne Eisenbahn fuhr im Kreis durchs Zimmer,
und wir drei Kinder warteten immer,
dass sie laut tutend den Bahnhof erreichte.
Mutter meinte, der Lärm macht sie krank,
und sie verabreichte uns dabei
noch je zwei Löffel Manna-Brei.
Weigerten wir uns, den Brei zu schlucken,
würde sie uns den Strom abdrehen
und mit den Schienen in den Keller gehen.

Dieser klebrige und süße Brei
war die Strafe unserer Kindheit.
Einen Löffel noch für Vater, einen für die Großmutter,
einen für die grüne Eisenbahn –
gurgelt es in meinem Hals mein Leben lang
und erinnert mich daran,
dass ich wortlos schlucken muss,
wenn ich nicht allein sein möchte,
und wenn ich verhindern will, dass man nimmt, versteckt,
        zerstört,
was ich mag, was mir gehört.
So ist es nun mal festgeschrieben,
Generationen wuchsen damit auf
und haben es für recht befunden.
Und ich muss es auch erdulden,
muss die Augen schließen, mich verstellen und mich freuen:
Ich bin kein armes Waisenkind und habe Brei.
Ich gehöre zur Gemeinschaft,
habe wortlos daran teil.
Andernfalls wird man mich strafen,
wird mich nicht mehr gerne haben,

wird verstecken, nehmen und zerstören, Dinge, die ich mag,
    die mir gehören,
wie die grüne Eisenbahn.
Laut tutend kam sie an dem Bahnhof an.

    * Grießbrei für Kinder in der Sowjetunion.

Figuren aus Tonerde

Ich beginne mit den Stimmen, die verflochten sind,
denn das, was wir einander sagen,
müssen wir über neun Berge tragen,
und weil wir die Ferne als Strafe fühlen,
sind wir verurteilt, mit uns selbst zu spielen.
Es donnert tausendmal, doch wird es regnen? Nein.
Und der Himmel, den wir immer fliehen
und dessen Farben wir in Zweifel ziehen,
wird darüber nicht einmal erschrocken sein.

Wir fuchteln öfters mit den Händen rum und können nichts in
    Ruhe lassen,
dabei ist in der Welt doch eigentlich alles klar,
wir tippen unsre Namen in die schmalen Tasten
und irren so herum und sind erschütterbar.

Obwohl wir es im Grunde wissen, auch das Finale ist schon
    abgepfiffen,
wir sehen nur noch ein paar einzelne Szenen an,
die sich manchmal wiederholen. Aber dann
erkennen wir, dass die Vergangenheit
uns Stille abverlangt und hilflos macht
und machen trotzdem weiter und öden uns nicht einmal viel
bei diesem Spiel,
in dem wir uns nicht vor uns selbst verstecken.
Einige können ja Socken stricken,
andere mögen Gedichte schreiben
und lösen Rätsel, die Zeit zu vertreiben.

Uns aber macht es den meisten Spaß,
am Bildschirm ein Leben aus Zeilen zu flechten,
wo Hunderte Augen es mitlesen möchten,

wie wir nach Götterbildern in der Wüste suchen und
steinernen Zeichen,
bis wir Figuren aus Tonerde gleichen.

Lohnausfall

Du und ich,
wir tafeln heute wie chinesische Mönche,
zum Frühstück gibt's Reis,
und dazu lächeln wir einander freundlich an.
An diesem Herbstsonntag
suchen wir unseren Hunger zu stillen
nur mit dem Reis,
den wir mit Stäbchen essen,
die wir im Chinaladen kauften,
und lächeln einander freundlich an.

Wie Reiskörner ist unser Leben
ausgestreut in den Armenvierteln,
sie reihen sich zu einer schneeweißen Kette,
und die vorübergehen, schauen uns mit großen Augen an.

Ich und du,
wir lächeln dazu
und halten uns selbst
für die tragenden Wände der Welt
und beugen uns über den Teller voll Reis
und trösten uns, denn die Körner sind weiß.

Du sagst,
du weißt nichts mehr von meinem geschorenen Haar,
nichts mehr von dem verbrannten Fuß,
na klar,
ich bin auf den Schulfotos nirgendwo drauf,
doch Jugenderinnerungen sind mir heute egal.
Die Reiskörner sind ein ganz anderer Fall,
wir müssen sie sorgsam mit den Stäbchen picken,
an diesem Sonntagmorgen

aus Dank,
weil dieser Reis sich fand
im Küchenschrank,
und lächeln einander freundlich an.

Gesang der silbernen Fische

Keiner singt ein Lied von uns,
keiner träumt uns,
keine gute Fee
webt unsern Namen mit ihrer Spindel.

Als Gastgeschenk sind wir ganz ungeeignet,
taugen nicht als Schmuck
und nicht als Erbe.
Keiner vermisst uns, keiner begehrt uns,
nicht, wenn man uns nah betrachtet,
auch nicht, wenn man uns berührt
oder in den Händen spürt.

Silberne Fische sind wir,
stumm und leise folgen wir der Strömung,
heben uns vom Sand nicht ab,
leuchten nicht,
sind auch keine Augenweide.

Man sagt,
um unserm Dasein Sinn zu geben,
wir sind nur aus dem Grund am Leben,
dass wir das Würmchen schlucken, das am Angelhaken hängt.
So dienen wir zu einer Tafelfreude,
wenn jemand dankbar an uns denkt.

Doch selbst der Fischer auf dem Meer,
der weit sein Netz auswirft,
er zöge sehnlichst gern mal etwas anderes an Land,
hielt lieber einen goldenen Fisch in seiner Hand,
um seiner armen Hütte Glanz zu geben
und seine alte Frau sich schön zu sehen.

Wir aber sind nur silberne Fische,
keiner singt ein Lied von uns,
keiner träumt uns,
unser ganzer Job
ist, Hungrigen mehr Kraft zu borgen, und dem Fischer helle
 Augen,
falls er später nochmals ausfährt
und weit sein Netz aufs Meer hinauswirft,
wartend auf den goldenen Fisch.

Das Verstummen

Die Strickleiter dort, da klettert man gewiß zum Mast hinauf,
da können wir den Möwen in die Flügel fassen und uns den
    Winden überlassen,
aber in Wahrheit ist sie ein Seil, uns aus der belagerten Stadt zu
    bringen,
da muss man wohl ganz still beim Klettern sein?
Wenn's so ist, halt dich fest an mir und sag nichts.

Als wir liefen auf graublauem, heißem Sand
und unsre Halsketten rasselten, bis wir ins Wasser sprangen,
da glaubte ich, dies sei ein Spiel,
das irgendwann der Liebe ähnelt.
Doch jetzt sagst du, uns brannten nur die Füße, weil wir die
    Blicke nicht ertrugen,
und haben wir uns denn nicht ausgezogen, damit wir ihnen die
    Mäuler stopften?
Und wenn wir jetzt die Mauer überwinden
und niemand gibt mehr auf uns acht, werden wir dann nach
    Hause finden?
Wenn's so ist, werd' ich dich noch fester halten, und sage nichts…

Als wir uns dann in die Arme fielen, als wir die Augen uns
    verbanden,
als wir unsere Wünsche eingestanden, und unsre Pforten taten
    sich auf,
als wir zu zweit da lagen, wie Falter, die mit ihren Flügeln
    schlagen,
da dachte ich, der Raum hat keine Grenzen,
jetzt haben wir die Zeit überrollt,
jetzt unser Haus,
das andere Ufer…

Doch jetzt sagst du, um uns zu retten, müssen wir fliehen,
und wir sollten einzeln losziehen, damit uns niemand auf die
    Schliche kommt...
Lauf ich nach rechts und du läufst nach links,
lenkt sie das ab, meinst du, das bringt's?
Und wenn wir jetzt die Mauer überwinden
und einer geht dann freiwillig in Haft,
hat man uns dann noch als Rebellen in Verdacht?

Du sagst, es wäre besser, sofort loszulassen.
Gehst du denn lieber auf der Straße allein?
Denkst du, man sollte dieses Seil durchschneiden,
und seine Enden sollten meinem Hals die Schlinge sein?
Ach, hörst du meine Stimme denn so gar nicht mehr?

Beruf Journalist

Bald mutieren wir zu Fliegen
und werden hin zu der Müllhalde fliegen
und werden komfortabel landen
auf Kartoffel- oder Gurkenschalen
und hin und wieder zählen wir die Bienen.
Und manche von uns werden Ameisen sein
und tragen die zehnfache Last allein
ohne Angst vor vergifteten Streifen.
Und wir werden so zahlreich sein,
die Hausfrauen sprühen in der Küche ihr Gift,
auf dass es uns Fliegen und Ameisen trifft.
Aber das ist uns herzlich egal, weil wir die Häuser der
               Menschen fliehen
und lustvoll nach der Müllhalde ziehen.

Dann laden wir Fliegen aus Bagdad* ein
und kosten mit ihnen georgischen Honig.
Summend werden sie zu uns kommen
und uns in ihre Heimat einladen,
um uns dort Lokum** zum Kosten zu geben.
Wir benötigen keinen Reisepass,
auch wird das Visum keinen Stempel kriegen,
weil wir entlang der Müll-Linie fliegen, nach Bagdad.

Wir werden goldene Bäuche haben,
unsere Rücken schimmern türkis
und wenn es Nacht wird, werden wir uns paaren.
Die Ölindustrie ist uns dann schnuppe
so wie jede militärische Truppe,
wir schreiben nicht länger Skandalreportagen,
verfassen keine Sensationsnachrichten
und müssen nicht für Yellow Press berichten.

Summend werden wir unterwegs sein
und uns arabische Märchen erzählen,
auf unseren zarten Insektenbeinchen.

       *   georgisches Sprichwort
      ** orientalische Süßigkeit

Baum der Wünsche

Sie wollten mich zum Baum der Wünsche küren,
damit sie zu mir kommen können,
Stofffetzen in meine Zweige binden und um Erfüllung ihrer
  Wünsche bitten.

Sie brauchten einen solchen Ort,
zu dem man diese Fetzen bringt und dann mit Hoffnung
  wiederkehrt,
einen Ort,
den man mit einem Taschentuch markiert, einem Kopftuch,
  einem Stoffgürtel
oder den Resten eines zerrissenen Hemdes,
und der für immer die Erinnerung bewahrt.

Sie brauchten ein gehorsam stummes Wesen,
das ihre ehrlichen und bösen Wünsche, ihre Träume, ihre Pläne
anhörte und auf sich nahm.
Und das nicht sagen würde,
„ich bin müde", „ich hab's satt" und „steh mir bei",
und deshalb sind sie jetzt zum Baum gegangen,
damit sie von der Erde holen, was der Himmel ihnen verwehrt,
das er nicht hört und ohne Antwort lässt.

Allerdings kann ich mich schütteln
und die Wünsche, die sie um mich wickeln, von mir reißen,
  Stück für Stück.
Ich kann mich drehen, ich kann gehen
und schreien kann ich auch.

Warum soll denn gerade ich der Wunschbaum sein,
dass ich die Wünsche Anderer empfange und sie weiter in die
  Wurzeln leite,

dann bin ich eines Tages ganz in Fetzen eingehüllt
und kann nicht bloß den Stamm, kann auch die Äste und die
      Blätter nicht mehr rühren
und gleiche einem trockenen Heuhaufen,
wie er im Herbst auf einer Wiese liegt.
Sie wollten mich zum Baum der Wünsche küren,
aber schaut genauer hin, meine eigenen Wünsche treiben ja
      schon Knospen
und ich werde bald in Blüte stehen.

Skype-Dialog

Sie:

Ich habe alles rausgeholt, es liegt hier vor mir und ich schau es
 durch,
alle Regale hab ich leergemacht, die Schränke und Kartons,
die Truhen und die Schachteln, einfach alles,
ich suche überall und prüfe jede Rolle Garn und jedes Blatt und
 jeden Knopf und Stoff,
ich schaue in die Taschen und die Falten,
mal bitte ich die Maus hinzu, und mal den Maikäfer,
sie kommen dann vielleicht und helfen mir.
Ich suche es und mir ist's gleich, ob ich auf Sprüche oder
 Kosenamen treffe,
oder nur ein halbes Wort.

Wohin denn konnte die Erinnerung entschwinden, dass ich einmal
 eine junge Fichte
in deinem Garten war,
mit meinem Ast erreichte ich dein Fenster,
ich klopfte an und bat ganz höflich,
ob ich überwintern dürfte, hier auf deinem Fensterbrett,
und ob du für die Weihnachtszeit wohl auch ein Glöckchen für
 mich hättest.

Wohin denn konnte diese Erinnerung gehen,
ihre Farbe war doch wirklich schrill,
ihr Duft war honigsüß,
wenn ich ihn roch, dann war's so ein Gefühl,
als liefen tausend Ameisen auf meiner Haut,
sie haben die Erinnerung vielleicht geklaut?
Oder sie ist ausgetrocknet und zu Staub zerfallen,

aber wie konnte sie das tun, ohne die geringste Spur zu
 hinterlassen,
sogar der Fisch behält doch Meersalz auf der Haut.

Er:

Ich mache jetzt erstmal das Fenster zu, es hat geregnet,
und hol das Fliegengitter rein, denn der Insektensommer ist vorbei.
Im Winter ziehe ich es vor, ans Meer zu gehen,
in eine Villa oder auf eine Yacht.
Du weißt doch, meine Freunde finden für mich leicht
einen anständigen Untermieter,
der rechtzeitig den Müll rausbringt, den Herd ausmacht
und die bezahlten Rechnungen aufhebt.
Du kennst mich doch, ich bin damit zufrieden.
Falls du übrigens deine Erinnerung findest, melde dich,
doch über diese Fichte kann ich leider gar nichts sagen, sorry.

Mistel

Wenn ich auf der Schaukel schwang, die mein Großvater im Garten
am Maulbeerbaum befestigt hatte
und zwischen den Ästen zur Sonne aufsah,
dann dachte ich, der Baum sei meine Mutter,
die vom Schlaf erwacht ist, die mich auf den Arm nimmt
und singend hin und her wiegt in der Nacht.
Es war der Baum, der mich schützte vor dem Sonnenglühen
und der mich mit den schwarzen Augen
lachend ansah wie die Mutter, maulbeersüß.

Heute schwingt mein Sohn auf dieser Schaukel
und denkt vielleicht, der Baum, dem er sein Leben anvertraut,
sei seine Mutter.
Er baut darauf, dass ich ihn schützen kann mit diesem starken Stamm,
der Rinde und den Ästen,
und wenn es nötig ist, mich gern verwandeln werde,
in Ofenholz, in einen Tragbalken, in eine Kinderwiege.

Er glaubt an diesen Baum und zweifelt nicht,
dass ich ein Baum bin.
Ich bin jedoch die Mistel,
die hoch im Wipfel einen Ast umklammert,
die wurzellos ist und blassgrün von Farbe,
die sich von anderen ernährt, von deren Saft und Licht
und nur ganz selten wagt sie einen Blick zur Erde
und jedesmal nimmt sie an Blässe zu,
wenn sich die Äste regen, weil die Schaukel schwingt,
dann fürchtet sie, erkannt zu werden
und herabzuschlagen, so man sie berührt.

Zu zweit oder zu dritt

Schlechte Tage, mehr als du verstehst,
wenn du den Schmerz nicht wahrnimmst, macht er dich zu Brei,
breite die Wörter aus, bevor du schlafen gehst,
Beten, Tee und Sanddornkonfitüre helfen nicht dabei.

Der Trauerfluss wird nicht versiegen, wenn du ihm die Hand
    hinhältst,
der See der Tränen wird nicht trocknen, wenn du ihm deine
    Augen schenkst.
Versuch doch einmal, nicht so steif zu stehen,
den schmalen Pfad zu nehmen und hinab zu gehen;

Such dein Gesicht mit Tiefsinn zu bedecken,
die schwarze Brille und der Seidenschleier reichen dazu nicht,
aber der Neid wird süß wie Honig schmecken,
wenn du von ihm naschst und es dann schaffst, ihn auszulecken.

Dann kotzt du alles auf ein leeres Blatt, wie Gift,
das eine Schlange auf dem Stein ließ, die ins Wasser glitt.
Merk dir, es ist nicht leicht, sein eignes Blut zu pressen,
ein altbekanntes Mittel, das nicht hilft, dein Leben zu vermessen,

nicht deins und meins und das der anderen.
Aber die Zeit bleibt doch für drei Sekunden stehen.
Lass sie gehen
und fang mit deiner Nacht der Märchen an.

Erzähl von deinem Körper, der wie Wellen
einst rauschen wollte oder manches Mal
ohne verliebt zu sein, wortlos und ziellos
über die Straße ging, an manchen Stellen, zu zweit oder zu dritt,
    egal.

Ich warte, was du sagst

Sieh doch mal,
ich habe diesmal alles gut und säuberlich getrennt verpackt,
die Erinnerung an das Warten bei Nacht, die warme Strickjacke,
die Teetasse mit den Fingerabdrücken, den gefrorenen,
das gehaltene Versprechen, das schlechte Zuhören,
die Puderdose und das Portemonnaie, das Herbarium betrogener
        Küsse,
die rosarote Brille, dann das Fläschchen mit den
        Krokodilstränen.
Das flatternde Herz, vor und nach dem Bruch.
Die signierten Bücher meiner Freunde, meinen Lebenslauf,
die weiße Bluse von der Abschlussparty, mit den Sprüchen drauf,
das Foto von uns beiden, ich von hinten, und du lachst.

Und jetzt warte ich, dass du mir sagst: „Bleib".
Ich kann nicht gehen, ehe ich nicht dieses Wort gehört hab.
Um die Schwelle zu passieren, brauch ich dieses eine Wort.
Ich kenne deine Antwort, „wie du willst",
und dass ich gehe, zeigt, wie angemessen es doch ist.
Ich kann nicht gehen,
so lange es für dich egal ist, ob ich hier bin oder weiter südlich,
im Zug, am Strand, mit Sonnenhut, oder nicht.
Ich kann nicht gehen, bis ich merke, dass du runter mit den
        Nerven bist,
den Tisch umschmeißt
oder dein Handy gegen den Türrahmen knallst,
bis du auf meine Herkunft schimpfst
und damit drohst, mir alle Haare einzeln auszureißen,
oder mir das Bein zu brechen, so du mich nur wiedersiehst.

„Wie ich will", nein danke, das ist meine Freiheit nicht.
Es ist nur deine Angst und deine Flucht.

Ich möchte, daß du „bleib" sagst, oder „bist du denn verrückt geworden",
damit ich meine Kraft verspüre,
aufstehen kann, den Koffer nehmen, und die Treppe abwärts gehen…

Land der Verliebten

Verliebte lassen es sich gar nicht bieten,
wenn die Länder, die sie betreten, auf unterschiedliche Namen
    hören,
sie lassen sich von Grenzen nicht stören.
Wir aber haben immer Angst davor,
dass einer kommt und uns das Land wegnimmt.
Dem Erdboden ist das egal,
wer auf ihm seine Schritte machte und wieviel Zeit er dort
    verbrachte,
auf den gepflasterten Straßen der Städte, oder wo auch immer.

Der Erdboden kann gut damit leben, wenn man ihn teilt, vermisst,
    verkauft, verschenkt.
Er protestiert nicht gegen seinen Namen,
nicht gegen Grenzen oder Landesfahnen,
die auch den Verliebten gleichgültig sind.
Wir aber hier im Landesinnern
glauben an Namen und an die Fahnen,
und dass sie uns Frieden und Sicherheit bringen.

Verliebte haben keine Lust darauf, immer die gleichen Klamotten
    zu tragen,
wenn sie eine Verabredung haben.
Sie machen sich lieber die Haare neu
und lassen sich gerne vom Regen begießen.
Wir aber folgen den Jahreszeiten
und können es nicht auf Dauer bestreiten,
je älter wir werden, umso schneller dreht sich
dieser uns vermachte Planet ...
und fürchten, dass jemand von diesem Planeten
Hand an unser Ländchen legt.

Solitude

Ständig ist sie mitgewachsen,
ob ich nun meine Schuhspitzen betrachtete,
mir Kaffee eingoss oder einen Reifen um meine Hüften kreisen ließ.
Ich versuchte es mit Nichtbeachtung,
dachte, wenn ich sie nicht sehe, ist sie auch nicht da und wird nicht nach mir greifen,
aber sie trickste mich aus und änderte die Farbe,
passte sich an meine Launen an,
sie achtet nun darauf, dass sie mir auffällt,
dass ich sie nicht übergehe, damit sie mich besitzen kann.

Früher war es mir egal, wie groß sie ist,
ich nutzte sie, um meine Gäste zu bewirten,
aber endlich wurde sie so groß, dass sie alles mitverschlang,
meine Gäste,
ihre Autos, ihre Hunde,
Gedichtfragmente aus der Morgenstunde,
Blätter eines Kuchenteigs,
auch die Flecken auf dem Sofa,
die kaputten Holzdielenbretter,
meinen Menstruationskalender,
den Klingelton und auch die Tür,
kurzum, sie hatte gewonnen.

Wenn ich nur dran denke, wie sie Raum greift,
bis ich mir die Haare kämme,
Wasser in die Wanne lasse,
den BH anziehe
und die Tür aufmache,
ist sie schon in mir.

Nun gib mir bitte einen Rat, wie ich mich erwehren kann,
Geldgeilheit und Schönheitswahn, Machtbesessenheit,
      Begehren,
Hass- und Liebesobsessionen sind es ja, die in uns thronen,
und die Illusion vermitteln, auserwählt zu sein.
Ebenso umschlingt mich Einsamkeit und ist mein Stolz
und ich will ihr gar nicht mehr entrinnen.
Rate mir doch, was ich machen soll.

Auf dem Foto

Die Erwartung

> *die gesichter der kinder*
> *auf dem nachtschrank neben meinem bett*
> *mit den blanken photographieaugen*
> Sabine Schiffner

Ich kann mich nicht mehr an den Augenblick erinnern,
als der Fotograf hervorgekrochen kam
unter dem Tuch, das die Kamera bedeckte, mit dem
      dreibeinigen Stativ.
Mir und meiner Schwester hatte er versprochen,
dass gleich das Vögelchen kommt,
dann blitzte es,
und das Licht des erwarteten Wunders
prägte sich ein auf unsern Gesichtern.

Ich kann mich auch nicht an Oma erinnern,
wie sie mit der feuchten Hand uns durch die Haare fuhr,
um die störrischen Locken zu glätten,
damit wir sie nicht in die Stirn hängen hätten.

Auch an den Baumstumpf erinnere ich mich nicht,
der so wie ein Sattel aussah, auf den man die lockigen
      Mädchen setzte.
Seit vielen Jahren schauen sie mich an und warten,
dass ich sie einmal so überrasche,
wie's dem Fotografen seinerzeit gelang,
der unter dem Tuch hervorgekrochen kam,
das die Kamera bedeckte, die mit dem dreibeinigen Stativ.

Dieser Ausdruck der Erwartung im Blick der Mädchen stachelt
      mich an,

er ermuntert mich geradezu, die Wohnung oder den Job zu wechseln,
aber auch die Stadt und das Land,
um in die Fremde zu ziehen.

Das Foto hängt wie früher schon im Schlafzimmer bei meiner Mutter
und die beiden Mädchen sind nach wie vor darauf zu sehen.
Aber in der letzten Zeit vermeide ich direkten Blickkontakt
und tret ihnen nicht mehr unter die Augen,
als wäre ich lediglich eine Verwandte,
zurückgekehrt von einer langen Reise,
doch ohne den Lieben Geschenke zu bringen,
mit leeren Händen steht sie vor ihnen,
weshalb sie sich schämt, doch sie weiß nichts zu sagen
und muss diese dumme Situation ertragen.

Fotoalbum

Ich erinnere mich nicht,
weshalb in dieser Nacht der Asphalt so nass war in der Stadt.
Du hast mich plötzlich angehalten
und zogst die Kamera aus deiner Jacke,
die du auf dem Trödelmarkt erstanden hattest.
Ich weiß nicht mehr, wohin wir gingen mit den schweren Taschen,
warum wir an diesem Plastiktisch saßen,
über dem der Sonnenschirm wackelt im Wind.

Ich habe vergessen,
warum wir von zu Hause wegliefen,
warum wir im Winter einander suchten,
warum wir nicht mehr glaubten an die Unglückszahlen
und die Gräber der Dichter besuchten,
an ihren Steinen Gedichte vorlasen.

Ich weiß nicht,
warum wir diese kurzen T-Shirts trugen
und unsre Bäuche fremden Blicken boten,
warum wir abwechselnd an einer Zigarette zogen,
in unseren Taschen nach Kleingeld kramten,
wenn wir an eine Telefonzelle kamen.
Warum wir Sandburgen bauten,
statt zu schwimmen
und die Wellen zu genießen.

Ich weiß nicht,
warum sie uns Flüchtlinge nannten im eigenen Land
und Milchpulver und Haferflocken an uns verteilten.
Und welchen Wert unser Leben besaß,
als rings die Dörfer und die Städte brannten.
Nein, ich weiß nicht mehr,

warum wir suchten nach einem Strick, um ihn uns um den
    Hals zu wickeln
und uns dabei doch nach Hilfe umblickten,
wie konnten wir in der Wüste bestehen und dem Stich des
    Skorpions entgehen,
als wir barfuß das Kloster schrubbten,
als wir den Cola-Deckel verloren,
der eine weite Reise versprach…
Ich weiß nicht,
warum uns die Angst überkam,
als wir im Gras bei der Kiefer lagen
und erstmals unsere nackten Körper sahen.

Ich kann mich an gar nichts mehr erinnern
und es könnte wohl besser sein,
das Fotoalbum für immer zu schließen und es zum Trödelmarkt
    zu bringen,
jemand steckt es dort womöglich gnädig ein.

Wiesenlandschaft

Wir können eine Wiese sein, wenn wir's nur glauben,
können uns dehnen und gen Himmel schauen,
gen Himmel nur, und nicht beachten,
wer uns über'n Bauch rennt
oder schreitet, mit bedächtig langen Schritten,
wer hier rastet und sein Zelt aufschlägt
und für Stunden oder Tage sich zur Ruhe legt.

Wenn wir's nur glauben, dass wir Wiese sind,
grün und in allen Farben blühend,
im blauen Himmelsaug gespiegelt,
nur in diese Richtung schauend,
und in die weite Ferne sehr verliebt,
nein, wir werden's gar nicht merken,
dass das Picknick angefangen hat, und auf einem unserer Hügel
sind sie bald schon pappensatt.

Ich möchte dir ein Zeichen geben, dass ich diese Wiese bin,
und wenn du siehst, wie still und lieblich,
dann flirtest du mit mir und gibst dich hin,
wie kann ich es dir nahe bringen,
dass sich mein Gras an deinem Schritt nicht stört,
kannst ruhig trampeln,
meine Halme richten sich bald wieder auf, wie die Brustwarzen
        der Frauen,
und wollen nichts als in den Himmel schauen.

Liste der Vorwürfe

Immer, wenn ich zu dir gehe,
steckt eine lange Liste voller Vorwürfe in meiner Innentasche,
sorgsam stelle ich sie zusammen an öden Tagen, wenn ich
    einsam bin,
so wie einen Einkaufszettel, um für die Woche nichts zu missen,
    was ich nötig habe.

Datteln, Mandeln, Äpfel und Bananen, es soll für eine ganze
    Woche reichen,
und dieser Augenblick will nicht mehr weichen,
in dem du meine Haare hältst in deiner Faust,
als wolltest du aus ihnen einen Schneeball machen, und nichts
    sagst.
Tee, Reis und Zucker fülle ich in Gläser und in Dosen mit
    Schraubverschlüssen ein.
Genauso soll das Abschiedslächeln aufgehoben sein,
der Strahl, der meine Augen brannte und mich blind tastend
    durch die Straßen sandte.
Ich horte einsilbige Wörter,
wie du sie mir manchmal in den kargen Briefen sendest.
Jede Silbe duftet nach Orangen
und legt sich um den Hals wie eine bunte Kette.
Doch gehen Wochen, ach was sag ich, Monate dahin, in denen
    ich von dir
ganz ohne Nachricht bin.
Wie Seife und wie Streichhölzer ganz unten auf der Liste stehen,
so steht in Großbuchstaben dort ein Kleid, das hab ich niemals
    in der Stadt gesehen,
bunt soll es sein wie eine blühende Wiese,
in die man seinen Kopf steckt und sich einlullen läßt,
doch bist du nie auch nur darauf gekommen.

Ich komme zu dir und mein Herz geht hoch
aus Lust,
aus Wut.
Ich komme und ich wedele mit meinem Zettel,
er fließt vor Vorwurf, Tadel und Beschwerde über
und droht die Wege und die Pfade zwischen uns zu
        überschwemmen.

Ich komme zu dir, meine Knie zittern
aus Lust,
aus Angst.
Ich fürchte, einmal wird mich diese Welle nicht mehr zu dir
        lassen,
und an irgendeiner Stelle
reißt mich die Zornesflut dahin, dann wird mein Herz,
das du zum Glühen brachtest, Stein.

Ich komme zu dir, denke nicht ans Atmen.
Der Brief in meiner Innentasche ist ganz ruhelos, versucht
        herauszuspringen
und sich zu entfalten.
Als merktest sogar du, dass etwas nicht ganz stimmt,
streckst du die Hände nach ihm aus
und du berührst ihn, aber
die Wörter ertragen meine Herzglut nicht,
springen wie Steinchen von mir
und verstreuen sich ins Weite.
Und statt der Wörter zwischen uns nur Angst.
Sie überflutet uns mit ihrer Leere
und hat nur eine Stimme und nur ein Gesicht.

Auf dem Richtblock

Du sagst zu mir: „Du bist mein Alles",
dann tauchst du wieder ab und bist für Monate verschwunden.
Dein Schweigen richtet zwischen uns eine Betonmauer auf,
ich aber stelle mich auf Zehenspitzen
und recke meinen Hals so hoch ich kann.
Vielleicht kann ich die Betonmauer überschauen und sehe dich
an einer Straßenecke,
die ich nicht betreten darf,
oder ich bleibe gehorsam sitzen, unter dem Blick der bösen
        Stiefmutter,
und mühe mich redlich,
Roggen und Gerste voneinander zu trennen
und deine Worte von deinen Blicken,
die du mir zugeworfen hast, als ich Zitronen schnitt.
Und auch dein Lächeln sollte ich fangen,
als ich den Zucker in die Tasse rührte und du Baisers von einer
        Torte naschtest.
Nachdem ich nun tausendmal meine Mails,
das Handy und sämtliche Netzwerke checkte,
versuch ich den Hals noch höher zu recken,
um diesen Tagen ohne Hoffnung, diesen Tagen der Erwartung
umso besser zu entsprechen –
jenem gnadenlosen Richtblock,
der nur die eine Geste fordert:
Runter auf die Knie, mit gesenktem Kopf.

Hypothese vom Schmerz

Wenn wir sie nicht zerschneiden würden,
könnten wir doch niemals sehen,
wie rot,
wie saftig
und wie süß es ist im Inneren einer Wassermelone.
Und sie, so rund, so grün und hart,
gibt sie uns ihr Geheimnis preis zum Lohn für ihren Schmerz,
oder errötet sie sogleich und sammelt ihren Saft,
nachdem wir sie mit einem Messer schlitzten?
Einmal halbiert, schon lacht sie so gemein
und könnte eine Straßendirne sein, weil
es ihr gleich ist, ob sie jemals heilt.
...
Und wohl auch du,
wie du mit deiner Lüge meine Augen schlitzt,
willst doch nur sehen, ob noch die rauschenden Kirschbäume
        stehen,
die irgendwann auf meinen Knien blühten,
bis sie reiften
und mit roten Früchten, so wie Masern
meinen zitternden Leib überfielen.

Die Vereinbarung

> *Meine Seele zerfließt vor Kummer.*
> *Richte mich auf durch dein Wort.*
> Psalm 119, 28

Zwischen uns ist nichts als Einbildung,
Erfindung, Fiktion,
das ist die Vereinbarung,
du hast es vorgeschlagen und ich nahm es an
wie Sonne oder Regen, wie das Wetter eben spielt.
Ich suche dazu passend meine Kleider aus,
ich habe zugestimmt, du hast mich überzeugt,
dass es für dich so leichter ist, zu mir zu kommen.
So geht es fixer und ist nicht so kompliziert,
weil uns der Raum, die Zeit und die Entfernung trennen,
ja, du hast es so gesagt: es ist der Raum, die Zeit und die
      Entfernung.
Ich habe es so nicht erlebt und nicht gespürt,
ich kann mich nur an deine Worte halten,
sonst bleibt mir nichts, ich muss dir glauben.
Denn ich bin eine, die zurückgeblieben ist, jenseits von Zeit
      und Raum.
So gibt es für mich nur das Wort, um mich zu dir zu bringen.
Es teilt mir mit, was du so tust, woran du Freude hast,
ob dich ein Fieber plagt und wo du Ferien machst.
Ich dachte stets, dass Worte Vögel sind,
sie fliegen fort und kehren wieder – heim zu mir und dir.
Aber die Vögel tragen manchmal Pflanzensamen
oder Insekten mit in ihrem Federkleid,
vielleicht ein kleines Teil aus deiner Welt,
vielleicht wird so das Tor der Zeit, das Tor des Raumes
      aufgestoßen,

vielleicht trägt mir das Wort auch deine Stimme, ihren Ton
    mir zu.
Zwischen uns ist nichts als Worte,
die stumm sind, formlos, unscheinbar und unerklärbar.
Ich rede und du hörst mir zu.
Bisher war's immer so, dass ich allein erzählte.
Mit meiner Rede schickte ich dir Farbe, Duft, Verzweiflung
    mit
und aus Versehen einmal den Geschmack von Rost.
Wenn Wasser immer fließt, dann kann es sich nicht sammeln.
Willst du mir nicht ein Zeichen geben?
Meine Seele zerfließt vor Kummer,
Trübsal bläst sie und verlor die Farbe,
verlor die Kraft, die man zum Fliegen wie zum Tropfen
    braucht.
Schreib mir etwas,
stütze mich,
richte mich auf durch dein Wort,
auf dass ich wieder leben kann,
auch wenn ich nichts als eine Stimme bleibe,
so leb ich weiter, um mit dir zu reden.

Die Antwort

Sie gingen fort, wie sich ein Lutschbonbon im Mund auflöst,
sie waren nicht sofort verschwunden,
sie wurden nur allmählich kleiner.

Am Anfang waren sie so selbstverständlich
wie das Weckerklingeln in der Frühe,
wie die Morgendusche und das Pfeifen des Teekessels,
das Warten auf den Bus, das Regenwetter.

Dann wurde spürbar, dass sich etwas ändert,
sie standen schon im Flur, polierten ihre Schuhe.

Die Stille, die sich jetzt erhob, verschlug den Atem,
trocknete den Hals aus und beraubte uns der Stimme.

Wie hätten wir es wissen können, dass es die drei Wörter waren,
die unsere ganze Wohnung füllten, die ihr Licht und Ordnung
    gaben.

Manchmal sahen wir sie schweben oder in der Ecke stehen,
sie schufen kleine Pfade zwischen uns,
sie reichten uns die Hand, wenn wir die Pfade gingen,
waren für uns Wein und Brot.

Warum sie uns verlassen haben, niemals fragen wir uns das,
wir waren einfach so erschrocken,
dass wir gleich die Koffer packten,
und riefen unsere Eltern an.

Jetzt, nach so vielen Wintern, vielen Sommern,
nach so vielen Ferientagen,
habe ich es wohl verstanden, und wenn du magst, erklär ich's dir.

Die drei Wörter spannen einen Faden,
und eines Tages, als sie einfach spielten,
haben sie daraus ein Netz gewoben
und sind nach draußen fortgestoben,
um neue Paare damit einzufangen.

Die Erfahrung

Sie wurde geküsst, also war sie Prinzessin,
aber sie kannte die Weisheit des Sumpfes:
Je mehr du zappelst, desto tiefer sinkst du.
Bleib ruhig, er trocknet womöglich bald aus,
oder es fängt zu regnen an,
dann schwimmst du heraus,
oder es fällt ein Stein vom Himmel, oder ein Ast vom Baum,
oder der Wind wird die Grashalme biegen, zu deinen Füßen.
Nun ist sie Prinzessin, keiner will sie mehr küssen,
ihr Herz wird nicht mehr auf Händen getragen,
sie wird nicht zum Tanz, zum Spazieren geladen.
Sie läuft wohl nicht zurück in den Sumpf,
hat aber nie die Weisheit vergessen:
Je mehr du zappelst, desto tiefer sinkst du.
Sie macht das Fenster zu und zählt bis zehn,
um sich dann zu ihrem Mann zu drehen.

Die Sandkörner

Wär ich deine Freundin,
sagte ich dir wohl:
Wenn es Nacht wird
und die Frauen wieder ihr Gesicht annehmen,
dann verdünne ich den Wein mit kaltem Wasser
und setze mich vor deine weiße Fischerhütte.
Meinen morgenländisch bunten Umhang breite ich vor mir im
        Sand
und jedes Sandkorn präge ich mir ein,
schaue, wie es sich bewegt, und denke,
was es heißt, verstreut zu sein.
Die Lehre dieses Sandes aber ist,
wie ich jede Silbe deiner Wörter sammele,
nachdem du gegangen bist.
Hier, wo die Frauen unter hellen Sternen ihre Einsamkeit
        bedenken,
lerne ich,
dass das Wichtigste die Rückkehr, nicht das Fortgehen ist.
Jeder Tag und jede Nacht ohne deine Gegenwart
bringt mich deiner Rückkehr näher.

Wär ich deine Freundin,
sagte ich dir wohl: wenn es Tag wird
und die Frauen wieder ihre Masken richten,
fallen aus den Kleiderfalten manchmal Sandkörner herunter,
und dann weiß ich, wie ich wieder neu vertraue,
wie ich dein Nicht-Hiersein schlucke, so wie eine Schmerztablette,
und mich meinem Tagwerk widme
und nach unsern Kindern schaue.

Gefährliche Erinnerungen

Es muss doch etwas geben
wie eine Truhe, Kornkammer, Amphore, etwas in der Art,
worin man die Erinnerungen an vergangene Liebe wirft
und wegsperrt,
bis sie ihre Augen schließen, bis sie schlafen
oder sterben
oder sich vom Acker machen,
ganz egal in welche Richtung,
weil sie letztlich doch verwehen, weil sie ihre Farbe lassen
und verblassen oder schwinden,
doch bis dahin, bis sie gehen,
füllen sie das ganze Haus, sperren die Straße, sperren die Stadt,
so dass man keinen Schritt mehr schafft,
weder vor den Spiegel, sich das Haar zu kämmen,
noch in den Kaffee Milch hineinzugeben,
den Türgriff eines Busses zu erreichen und festzuhalten, ohne
      auszugleiten.
Es muss doch etwas geben,
in das man so Erinnerungen stopfen und sie drin versiegeln
      kann,
oder jemand sollte kommen und sie mal nach draußen bringen,
so wie eine Nanny, wenn das Baby schreit,
mit ihm vor die Tür geht, und sei es nur für eine kurze Zeit.

Der Name

Wie viele heißen so wie du?
Ich habe dich doch schon vergessen, ich entsinne mich deiner
  nicht mehr.
Wie gründlich habe ich alles gelöscht und radiert,
wie sauber habe ich alles gehobelt, poliert, jede Ecke in
  meinem Gedächtnis,
wo nur die kleinste Erinnerung sich hätte halten können.
Genauso, wie ein Blatt vertrocknet,
abfällt und nie mehr lebendig wird.

Aber dein Name,
wie viele tragen deinen Namen?
Manchmal klingt er derart heftig,
als schlüge jemand mit dem Hammer gegen die Wand
oder als würde ein Dach gedeckt
oder die Straßenkinder zündeten Chinakracher.

Ich bin gegangen und verließ die Stadt.
Ich bin gegangen und verließ das Land,
ich lernte eine andere Sprache sprechen,
ein anderer Himmel deckt nun meine Augenlider
und die Laute ordnen sich auch anders, wenn ich sie aufrufe
  in mir.

Ich dachte schon, ich habe mich befreit
und bin weit weg, und gut versteckt vor der Vergangenheit
und der Gedanke an dich wird mich nicht mehr fangen.

Aber jetzt,
als ich aus Zufall, irgendwo, den Namen hörte,
hat es meine Ruhe zerbrochen wie der Axthieb eines
  Holzfällers, der einen Ast abschlägt

und zu einem Haufen Kleinholz macht,
der heute oder morgen schon hellauf in einem Feuer flackert.

Der Stern

Aus meiner gebrochenen Nase verlor ich Blut,
aus der Handtasche mein Handy,
vom Schreibtisch den Stift,
in den Augen des Freundes die Hoffnung.

Alles ging mir einfach so verloren, ich kam mir wie ein „Bad
    Boy" vor,
ein Teenager ohne jede Peilung,
eine zerstreute Hausfrau, die selbst nicht weiß, wo sie ist.

Ich verlor in einem fort, wurde blut-, gesichts-, geschlechts-
    und namenlos,
eine Molluske auf dem Tisch der Köche,
ein Kissen voller Gänsefedern,
ein Haufen Haselnussschalen.

Ich konnte es nur nochmals sagen,
wie egal mir alles war, ob die Bahn nun den Tarif erhöhte,
mein Geliebter noch im Ausland blieb,
der Tornado übers Land fuhr,
ob nun Kinder nichts zu essen hatten
und mein Vater Alzheimer.

Ich ging,
verlor,
ich konnte es nur nochmals sagen,
und eines Tages sah ich ein,
ich hatte obenauf mich selbst verloren.
Als ich schon meinte, unsichtbar zu sein und aus dem Bild
    verschwunden,
da fasste plötzlich Er mich an und rief mir zu:
„Siehe, Frau, hier ist dein Stern!"

Auf dem Gras

Das Glück namens Wiese

Erwachsene glauben,
das Glück der Kinder
hänge von neuem oder teurem Spielzeug ab.

Erinnert euch doch mal,
als ihr selbst noch Kinder wart,
war's doch egal, womit man spielt –
ein Holzpferd mit kaputtem Bein oder 'ne Micky Mouse in
    roter Hose
oder ein Teddy, dem man Mantelknöpfe angenäht hat statt der
    Augen.
Es kam doch nur drauf an, dass man sein Eckchen fand,
irgendwo, wo keiner hinsah,
unter der großen Tischdecke, die wie ein Zelt gebaut war,
auf dem Speicher, in der Abstellkammer, in der Scheune, und
    im Baumhaus…

Ich aber hatte eine ganze Wiese,
weit und leuchtend,
mit Blumen, die ich flechten konnte, lutschen oder knabbern,
und mit der Allee am Wiesenrand
unter den hohen Zypressen,
wo ich niemals ruhig gehen konnte, denn ich musste rennen.
Diese verwunschene grüne Insel in dem lauten kachetischen
    Dorf
hatten die Kinder in Besitz genommen,
sie gehörte zu einem Kirchhof mit verfallener Kapelle,
aus deren Kuppel ein Baum wuchs.
In die Ruine gingen nur die Jugendlichen,
die Kinder nicht,
das wussten wir und machten dort nichts schmutzig.

Damals hat niemand über Gott gesprochen,
wir haben nur gespürt,
dass die Kapelle uns beschützte,
Amidasturi lautete ihr Name, der sich um uns wie ein Mantel
        legte
und angstlos schlugen wir dort unsre Purzelbäume.

Und meine Großmutter und ich brachten einmal eine kleine
        Weinamphore
als Opfergabe dar.

Das alte Kochbuch

„Komm mal vorbei", so schreiben sie mich an,
„Wir haben das alte Haus der Großmutter verkauft,
such dir aus, was du behalten möchtest,
sonst schmeißen wir
den ganzen Plunder weg, das hundert Jahre alte Zeug,
das niemand braucht."

Das kennt doch jeder,
wie es ist, wenn man per Zufall
auf abgelaufene, verblichene, zerkratzte und zerrissene
oder am Rand bestoßene Dinge trifft.
Sie haben immer etwas zu erzählen,
das uns zum Lachen oder Weinen bringt.
Seit heute morgen sind nun meine älteren Geschwister
und ich durch diesen Trödel unterwegs.
Wir tauchen ein in Samt und Seide,
in Besticktes und Gestricktes,
in Fotos und in Briefe unserer Großmütter (aller vier),
als hätten wir in einer Drachenhöhle einen Schatz entdeckt.

Die Ketten hören gar nicht auf zu fallen,
Schmuck und Klunker,
die bunten Knöpfe und die Fingerhüte,
Clips und Broschen,
aus den Schalen, den Schatullen.
Wir wickeln uns mit Spitzenstoffen ein, wie wir taten, als wir
      Kinder waren.
„Das reicht, hört auf jetzt, sonst erstickt das Kind ja",
sogar die Stimme ist wieder da –
Schranktüren knarren,
und zu Boden gleiten die Silberlöffel und die Tassen…

„Braucht das einer? Oder kann das weg?
Kocht irgendwer noch Konfitüre ein?
Und was ist mit dem alten Kochbuch?",
fragt mein Bruder, und blättert schon in diesem Buch,
blättert in Erinnerungen, die die Kindheit leuchten machten.
Geruch der Rose, Sauerkirsche, Quitte
treibt uns rasend in die Sommerhitze,
treibt uns Zimt und Nelken zu, wo die Früchte zuckrig kochten.
Und die lang vergessenen Maße,
Unze, Prise, Quäntchen, Zoll, Pfund und Rumka*
sind auf einmal wieder da,
lauter Namen, wie sie mit der Konfitüre kamen.

Und das Lachen lodert in uns auf und brennt wie Zunder,
flackert, knistert.
Gegenseitig reißen wir uns das alte Kochbuch aus der Hand:
„Man steche sie mit einer Nadel an",
„Sobald die Frucht getrocknet ist, tauche man sie in den
                    Traubensaft
und fiddele sie auf",
„Man lege Traubenblätter rings um die Amphore",
„Das Mehl soll gut gesiebt sein, dann wird es sämig angerührt" –
wir vernehmen das so laut und überdeutlich,
wie man Geisterstimmen aus dem Jenseits hört.

Und ganz wie Winke aus dem Reich der Seelen
klingt eine Handschrift uns vom Seitenrand,
mit grünem Tintenstift hat Großmutter gekritzelt:
„Gelbe Knorpelkirschen, Bela liebt sie mit Mandeln gefüllt."
Und wie man den nach langer Reise
Zurückgekehrten in die Arme schließt, dass seine Müdigkeit sich
            ganz in Luft auflöst,
so streichelt mir die tote Großmutter über meinen Wuschelkopf,
sie weiß ja schon,

die gelbe Knorpelkirschen-Konfitüre mit den weißen Mandeln
wird für immer kochen, in einem alten Kupfertopf aus
Dagestan.

* Rumka: russ. Maßeinheit, Wodkaglas (100 gr.)

Was weiß ich über meinen Vater?

Achtzig Jahre ist mein Vater geworden.
Sein Gedächtnis löscht sich langsam aus – bemerkt der Arzt
und fügt hinzu: „Der Vorgang ist leider irreversibel."
Es fällt ihm schwer, uns dabei anzuschauen.

Was wissen wir noch über unseren Vater,
außer, dass er nun schon achtzig ist
und dem, was uns der Arzt gesagt hat? –
und wir Geschwister stehen da und üben uns im
        Achselzucken.

Du bist so schlampig wie dein Vater, schimpfte Großmutter
        mich aus,
wenn ich die Anziehsachen auf das Bett gepfeffert hatte,
Bücher unter der Bettdecke las
und auf Bienenwachskerzen herumkaute.

Lüge nicht so wie dein Vater, ich kriege es doch sowieso
        heraus –
drohte Mama mir, wenn ich nicht ehrlich war,
weil meine Stoffturnschuhe in der Tasche steckten,
und heimlich schrieb ich in mein Tagebuch.

„Ach, du bist ja wie dein Vater,
immer willst du deinen Kopf durchsetzen,
lass es doch, du schaffst es nicht, den anzuheben",
lachte mich mein Nachbar aus,
weil ich den Handkarren ergriffen hatte, mit den vollen
        Wasserkrügen.

Nun, was weiß ich sonst noch über meinen Vater?
Wenn er betrunken war, dann war er übellaunig, und hatte

allezeit nur wenig Geld,
so dass die Frauen ihn reihum verließen,
im Alter saß er dann alleine da.

Einmal kam ein Junge,
der auf meine Zehen glotzte, die aus den Sandalen guckten,
er konnte gar nicht aufhören zu starren
und sagte schüchtern, wie sonderbar sie beieinander stünden.
„Ja, mein Vater hat genau die gleichen Zehen."
Ich lächelte ihn an und ich umarmte ihn.

Was weiß ich sonst noch über meinen Vater,
außer dem, was uns der Arzt gesagt hat?
Ich werde nichts mehr in Erfahrung bringen,
weil ich mich in einem anderen Land befinde.
Und wenn sein Kahn ablegt zum jenseitigen Ufer,
kann er meine Hand nicht drücken,
und anders, als man es aus Filmen kennt,
kann er mir kein Zeichen geben,
kein Versäumtes mehr erzählen,
aber das muss ihn überhaupt nicht quälen,
weil ich genau jetzt bei ihm bin.

Die Maus

Diese Maus hat so lange bei uns gelebt,
dass sie ein Mitglied der Familie wurde.
Wann immer meine Mutter rief, streckte sie den Kopf unterm
        Sofa hervor
und schaute starr wie meine Neffen beim Computerspiel.
Sie rümpfte auch die Nase und verkroch sich,
wenn es im Haus nach Suppe roch.
Kuchen war ihr offensichtlich lieber,
oder eine Bratkartoffel.
„Deckt doch die Pfanne ab, sonst frisst die Maus euch alles weg",
so ließ sich mein Vater oft vernehmen,
aber die Maus saß nah am Sofafuß
und zuckte nicht mal unter unseren Schritten.

Vielleicht geschieht so etwas nur aus Einsamkeit,
es spielt dann keine Rolle, wo man ruhig sitzt,
oder war es ihr zu kalt geworden in der Mausehöhle
oder hatte sie sich gar mit anderen Mäusen überworfen?
Das werden wir nun niemals mehr erfahren,
zumal sie jetzt im Schlauch des Saugers steckt.
Als meine Schwester schrie, da wehklagten wir alle:
Ach je, die Maus ist tot, ach je.

Meine Mutter ist alt geworden

„Meine Mutter ist alt geworden",
sagte ich und kriegte Angst davon.
Das war, nachdem sie sich monatelang
um eine Krankenversicherung mühte
und nicht einmal eine Auskunft erhielt.
Wir sahen täglich, wie sie sich bewegte,
ganz wie früher,
aufrecht und kokett,
verschwand ans Telefon
und machte irgendeine Art Notizen,
wartete kurz ab,
erzählte aufgeräumt, wen sie getroffen,
wer was ausgerichtet hatte,
und voller Hoffnung hörten wir sie lachen.
Wir sorgten uns um unsern eigenen Kram,
wir Kinder denken doch, dass nichts so wichtig ist
wie unsre eigenen Sachen.

Und einmal sagte sie, und das klang gar nicht gut:
„Ihr lügt mich alle doch nur an."
Und diese Worte fuhren uns ins Blut,
so wie ein Windzug alle Fenster knallt
und die blauen Blumentöpfe
abräumt von der Fensterbank.
„Die Großmutter ist alt geworden",
sagte mein Sohn, es tat ihm leid,
doch schlug die Angst in seiner Stimme keine Wurzeln,
denn seine Mutter hat ja noch Zeit.

Schwester

Wenn du denkst, dass deine dargebotene Hand,
die du den Geschwistern reichst
im Heimatland,
das Brot ist und die Hütte und der Regenschirm
und wenn du denkst,
wenn du das Brot bist, werden wir dich brechen,
wenn du der Schirm bist, wird der Regen sprechen,
bist du die Hütte, tut sie sich wohl auf,
du weißt, du hast im Grunde keine andere Wahl,
und dabei bist du doch bloß eine Hand,
so eine kleine rechte Hand,
du reichst sie hin und greifst die anderen Hände
und klammerst dich mit deinen Fingern an
und zählst: es kann vielleicht noch eine Weile währen
und dann, o Gott,
dann leuchtest du groß auf,
wie ein Geschwistersternbild in den Sphären.

Picknick am Berg

Still wie das Gras,
wo die Heuschrecke saß,
von Sonne berauscht und vom Sommer gebannt,
sitzen wir am Wegesrand
und können nicht gehen – die Zeit blieb stehen.
Uns ängstigt der Pfad, der den Berg umgarnt,
wie eine bunte Schlange getarnt,
will er uns mit dem Berg erwürgen.
Und wenn uns dieser Pfad nicht schluckt,
wirft er uns hinab in die Schlucht.
Den Pfad hinunter läuft nun ein Mann,
ein Bündel trägt er in seinen Händen,
aus dem man Brotspitzen ragen sehn kann.
„Hallo, wer ist da," ruft er uns zu,
dann kommt er und breitet im Gras sein Tuch,
schenkt Wein uns in ein Kuhhorn ein,
wie goldgelb und kalt ist dieser Wein!,
tut es, um uns zu laben,
damit wir nicht Angst vor dem Würgeweg haben,
denn wenn dieser Pfad uns nicht verschluckt,
wirft er uns auch nicht hinab in die Schlucht.

Von der Linde und dem Mann

Für Temur Chkhetiani

Du schreibst: jetzt kommt die kalte Zeit,
die Sonne hat nicht mehr die alte Kraft.
Aber die Bäume stehen doch in Flammen,
die von den Sonnengaben stammen,
und ihr Laub glüht nun aus Dankbarkeit!
Dieses Licht zu löschen, hat noch keine Kälte geschafft.

Sähst du die Linde, die ich leuchten sehe,
wenn ich zum Wasserbrunnen gehe,
wenn ich bei ihr im Hofeingang stehe,
erinnert sie sich an die alten Lieder,
und darüber streiten wir uns schon wieder.

Die Nachbarin kam heute morgen hinzu,
als ich der Linde weismachen wollte,
du wärest nicht fort, sondern kämst nicht dazu,
öfters zu kommen, die Fahrt sei so teuer,
doch schriebest du Briefe, an mich adressiert.
Aber es ist einem Baum nicht geheuer,
was so ein Menschenherz drangsaliert.

Die kalte Zeit hat wirklich begonnen,
aber ich werde das Dorf nicht verlassen,
es ist ja genügend Holz da, und Wein.
Auch liebt mich die Linde über die Maßen,
man kann uns gar nicht voneinander trennen,
und deshalb lass ich sie nicht allein.

Und außerdem, wenn es bald schneit,
ruf ich die Linde bei deinem Namen,
oder den Namen der Jungs, die sonst kamen,
doch jetzt sind auch sie in der Fremde geblieben.
Wär ich im Herzen nicht so allein,
wär dieser Scheißwinter eine prächtige Zeit,
die Linde ist da und die Kiefern dort drüben.

Barfuß

Während wir beide uns
voller Scham
unter der Bettdecke verstecken,
stehn unsere Schuhe
draußen im Flur
ruhig und ohne anzuecken.
Deine Turnschuhe,
meine Stiefeletten,
die jetzt gerne noch ein Stündchen hätten,
ohne darüber nachzudenken, ob es eigentlich geht zu zweit,
zumindest für eine begrenzte Zeit.

Fenster zum Licht

Deine Hände um meine Taille
und dein Kopf auf meinen Knien –
das sieht eigentlich ziemlich banal aus.
Aber wie ändert sich das Bild, wenn diese Hände, wie
    Schifferboote auf fernen Meeren,
meinen Körper schwimmend überqueren, um fremde Inseln
    neu zu entdecken.
Dann bin ich, eine einfache Frau,
ein Anlass zur Freude, es fühlt sich so an, als habe man einen
    Goldschatz gefunden
in einer Höhle, den Piraten versteckten.
Und ich, eine gar nicht besondere Frau,
funkle und blitze
und halte mich
für ein Fenster zum Licht –
und es braucht nichts als meinen Willen, die Welt mit Sonne
    auszufüllen.

Die Stadttauben

Die Tauben haben die jungen Blümchen gefressen,
die frisch aus der Erde gekommen sind,
erwacht in dem wärmer gewordenen Wind,
und der Balkon beginnt zu ergrünen.
Wir sahen die Tauben auf dem Geländer sitzen,
paarweise kamen sie angeflogen, und geturtelt haben sie auch.

Wir dachten, „jetzt ist der Frühling gekommen",
„nun ist der Winterschlaf vorbei",
und haben uns wie die Tauben benommen,
wir zwei.

Da sahen wir an dem zärtlichen Morgen,
wie grau der Balkon schon wieder ist,
als hätte der eine Nachbar von oben
seine Asche darüber gekippt,
als hätten die Heuschrecken uns belagert,
und fühlten uns in einem anderen Film.

„Schau mal, diese durchgeknallten Tauben haben unsere
        Blumen gefressen!
Die blöden Viecher, vom Frühling erregt!",
hat mein Gefährte sich aufgeregt.
„Tauben machen so was doch gar nicht",
teilten uns Freunde verwundert mit,
wem wir auch schrieben und mit wem wir sprachen.
„Es ist doch jetzt schon überall so grün,
was müssen ausgerechnet eure Blümchen dran glauben?"
Wir dachten lange darüber nach und konnten einfach die Welt
        nicht verstehen.

Am Abend kehrt mein Sohn heim, der Student, und meint:
„Sie waren krank vielleicht und suchten nach Arznei
und kamen hier an den Blümchen vorbei,
sie haben ihnen den Kopf verdreht, wie es im Frühling eben
    so geht,
und den Verliebten das Leben gerettet."

Der Himmel und der Schweif

Weit hat das Flugzeug die Flügel gebreitet
und schaut von oben herab auf die Stadt,
unsere Stadt,
die du fotografierst,
durch die ovalen Bullaugen linsend.
Von Bergen umschlossen ist unsere Stadt,
geteilt durch den haarsträhnendünnen Fluss.
Und du schickst dieses Foto als Botschaft zu mir,
die hinter den Bergen und Flüssen verweilt,
um mir zu zeigen,
nichts ändert die Zeit,
du dagegen bist unterwegs.

Den Schweif jedoch,
den das Flugzeug zog,
sieht unser alter Dichter von fern,
über Kakhetiens Himmel gespannt.
Also nimmt er sein Handy zur Hand,
als ließe er eine Taube fliegen,
um Himmel und Schweif auf das Bild zu kriegen,
und schickt es hernach als Botschaft an uns:
„Gut zu wissen, es geht euch gut,
und damit bin ich völlig zufrieden."

Die Fremde

Von deinem Balkon aus wirst du sehen,
wie der Rabe
die Walnuss herab vom Baumwipfel wirft,
sie ist noch grün und noch nicht reif,
schlägt an den Zaun, doch bricht nicht auf,
und dann rollt er sie auf die Straße,
hin und wieder klopft er drauf,
hüpft und schiebt sie vor sich her,
du wirst es von deinem Balkon aus sehen,
und wenn du dein Zimmer jetzt verlässt,
dann fliegt ein Rabenjunges aus dem Baum herab
und landet auf dem Hoftor,
hockt und zögert,
soll es mir den Weg frei geben
und der rollenden Walnuss folgen
oder soll es warten, bis du auf dem Balkon erscheinst,
denn die Fremde hier, das bin doch ich.

Nachwuchs

Für Zotne

Wie eine heiße Welle, die den Kopf überströmt,
war unsere Liebe,
nun aber hat sie die Richung geändert
und schlägt irgendwo an ein anderes Ufer.
Dort lächelt nun ein Zwerg herüber
und er fordert
meinen Schlaf und meine Träume,
was du denkst, wenn du erwacht bist,
fordert die Erinnerungen an den Garten bei der Uni,
nach den Wegen, die wir gingen,
fordert alle die Gedichte, die du je geschrieben hast,
und er fordert seinen Platz
im Gedicht, in allen Wörtern,
die wir je einander sagten,
und er fordert jeden Schritt
und er isst und trinkt auch mit.
Selbst,
wenn ich wortlos zu dir komme
und meine müd gewordenen Hände
leicht an deinen Schultern ruhen,
sind meine Augen dennoch
auf den Punkt gerichtet,
an dem unsere Liebe dreieckig wurde.

Geschichte des Kirschbaums

Als ich mich zum ersten Mal verliebte,
war ich ein blühender Kirschbaum,
breitete kokett die Arme aus und träumte
von denen, die im grenzenlosen Raume schwebten, als Paar, im
    Chor,
und pausenlos nur von der Freiheit sangen
und mit ihren Flügeln schwarze Linien zogen, an dem blauen
    Himmelsbogen.
Ich dachte, wenn nur einer unter ihnen mich bemerkt,
mit meinen weiten, rosafarbenen Armen,
wird es ihn reizen, zu mir zu fliegen,
herabzukommen,
mich zu streifen mit den Flügeln,
und dann wird er sehen, wie zart ich bin, wie gut ich rieche,
und die Bienen kommen und umgarnen mich,
sie summen pausenlos um mich herum,
und keiner säuselt feiner hier in diesem Garten.
Ich sah gen Himmel und streckte mich, immer höher,
warf meine Zweige her und hin und raschelte mit tausend
    Blättern,
bog schwungvoll meinen Körper, und endlich stellte ich mich
    auf die Zehenspitzen.

„Ach, hätte er nur einmal kurz auf mich geschaut,
wär er nur etwas näher gekommen,
wüßte er nur, wie ich ihn erwarte.
Wären meine Wurzeln nicht, ich würde in den Himmel fliegen
und dort mit ihm im Grenzenlosen schweben.
Wenn da bloß nicht diese Wurzeln wären, diese Wurzeln,
sie zwingen mich, auf diesem Fleck zu leben, und lassen mich
    gar nirgends gehen!"

Da hat der Wind mein Flehen erhört.
Er gab mir Kraft,
umarmte mich, hat mich herumgewirbelt,
riss mich aus der Erde, nahm mich mit,
und einen Vogel hab ich seither nie gesehen.

Als ich mich zum zweiten Mal verliebte,
lag ich am Straßenrand.
Er ist gekommen, hat mich gerüttelt,
hat mich von Gras und Schlamm befreit.
Er nahm mich mit zu sich nach Hause,
und aus meinem zersplitterten Körper
schnitzte er eine Zauberflöte.

Als ich mich zum dritten Mal verliebte, da war es ein junger
    Flötist.
Er stand allein am Bühnenrand des Schultheaters
und trug mich vorsichtig in seiner Innentasche,
und bevor er mich an seine Lippen führte, machte er die
    Augen zu.
Und ich ertönte unter seinen Fingern so frei und voller
    Leidenschaft
wie Glocken an einem Weihnachtsschlitten,
wie ein Ja-Wort vor dem Traualtar,
wie die Fontäne des städtischen Springbrunnens,
wenn sie den Mädchen die Röcke nass spritzt.

Viele Finger haben mich seither gestreichelt,
viele Lippen meinen Leib berührt,
aber so froh und begeistert wie damals
habe ich seither nie mehr getönt.

Und jetzt, hernach,
war es ein Feuer,

Herbstfeuer, wie es im Ofen lodert,
flammend, prasselnd, allumfassend,
mit vier kleinen Wuschelköpfen,
von dem endlich nur die Asche bleibt.

Das Ohr

Wir sind überzeugt davon, dass die Einschlüsse im Bernstein,
die wir an der Kette tragen, nach Berührung mit der Haut
      lebendig werden
und auf unsere Wünsche Einfluss nehmen.
Jeder Schal ist wie ein Henkersknoten,
beim Binden bringen wir es unfreiwillig bis zur Meisterschaft.
Die Knöpfe an den Kleidern sind von jeher ängstlich, und sie
      sind nicht treu.
Fasst man sie an, dann springen sie zur Seite
und wir spüren, wir müssen uns von diesen falschen Wächtern
      trennen,
je früher, desto besser, abgerissen, weg damit –
und stürmisch wollen wir mit nackten Armen
die Lebenstraube, wie sie schäumt, empfangen,
und wenn meine Haut wie eine Muschel aufplatzt
und Perlen rollen auf deiner Hand
und in meine Poren ergießt sich das Meer,
kann nichts die Stimmen verstummen lassen,
denn mein Ohr wartet nur auf ein Wort von dir.

Performance

Wenn meine Vorfahren
in Not und Sorge waren,
in ihrem Leben und ihren Gedanken,
baten sie um den Beistand der alten Götter
und versprachen ihnen warmes Tierblut,
aus Dankbarkeit und aus Verehrung,
da sie glaubten,
einzig die Seelen der Geopferten
könnten als Boten zu den Göttern gelangen,
und als Vermittler diente das Blut,
das sich ergoss aus geschnittenen Hälsen,
rotes Blut,
das vielversprechende,
färbte die Erde vor dem Heiligtum,
und sein Geruch verschaffte einen Rausch,
den Bittenden wie den Göttern.

„Hilf mir bloß,
ich bringe dir ein Schaf,
ich werde es lebendig opfern,
ich komm zu Fuß zu deinem Fest,
wenn du bloß hilfst" –
So repetierte ich den ganzen Sommer über
und ich glaubte, dass meine Stimme zu ihm in die Ferne trüge,
sogar auf fremder Erde würde er mit seinem Feuerblitz
meine Not zunichte machen,
und die Wellen aller Angst, in denen ich beinah ertrank,
zögen sich von mir zurück.

„Ich bringe dir ein Schaf,
ich werde es lebendig opfern,
ich komm zu Fuß zu deinem Fest,

weil du mich nicht im Stich gelassen hast
und mich als dein Kind betrachtest, dein kleines goldenes
    Bällchen" –
so repetierte ich es auf dem Heimweg.
Und freudig kündete ich Freunden und Bekannten,
wie mir in dem fernen, fremden Land
der Gott der Vorfahren geholfen hatte, und wie er mich
    beschützt.

„Wie – was soll das, wir schlachten jetzt ein Schaf?"
empörten sich die männlichen Verwandten,
„tut dir das arme Tier denn gar nicht leid?
Wir kaufen es und lassen es dann auf der Wiese laufen";
„Verschenk es doch, so mancher kann es brauchen";
„Zünd meinetwegen eine Kerze an, das reicht,
die alten Zeiten sind doch längst passé";
„Ohne mich, da bin ich draußen, aber tu halt, was du willst!"
    –
So hörte ich von innen und von außen, als ich meinte,
dass die Götter zürnen, wenn man das Opfer vorenthält, das
    man versprach.

„Dann opfer eben mich", trieb mein deutscher Freund nun
    seine Scherze,
„wir ziehen die Performance statt mit Blut mit roter Malerfarbe
    durch.
Auch dieses Opferritual ist nicht von schlechten Eltern,
entstammt der Vorstellung und Phantasie des Menschen."

So habe ich Georgien verlassen,
ging nicht zum Heiligtum, ich trug kein Schaf dorthin und
    keine Kerze,
und die Performance ziehe ich mit dem Gedicht hier durch,
das ist ja schließlich auch ein altes Ritual,

Silbe mit Silbe zu verschwistern,
mit Wörtern zu spielen, bis sie knistern.

Inhalt

Auf dem Glatteis

7	Einfache Fahrt
9	Wenn
11	Epithalamion
13	Märchenbuch
15	Auf halbem Weg des Menschenlebens... (Dante Alighieri)
17	Der alte Garten
18	Töne aus dem Steinbruch
20	Reportage von der Grenzkontrolle
22	Gliederfüßer
24	Der Nagel
26	Illustrierte
27	Teppich und Faden
28	Verstreut

Auf dem Asphalt

33	Manna-Brei
35	Figuren aus Tonerde
37	Lohnausfall
39	Gesang der silbernen Fische
41	Das Verstummen
43	Beruf Journalist
45	Baum der Wünsche
47	Skype-Dialog
49	Mistel
50	Zu zweit oder zu dritt
51	Ich warte, was du sagst
53	Land der Verliebten
54	Solitude

Auf dem Foto

59	Die Erwartung
61	Fotoalbum
63	Wiesenlandschaft
64	Liste der Vorwürfe
66	Auf dem Richtblock
67	Hypothese vom Schmerz
68	Die Vereinbarung
70	Die Antwort
72	Die Erfahrung
73	Die Sandkörner
74	Gefährliche Erinnerungen
75	Der Name
77	Der Stern

Auf dem Gras

81	Das Glück namens Wiese
83	Das alte Kochbuch
86	Was weiß ich über meinen Vater?
88	Die Maus
89	Meine Mutter ist alt geworden
90	Schwester
91	Picknick am Berg
92	Von der Linde und dem Mann
94	Barfuß
95	Fenster zum Licht
96	Die Stadttauben
98	Der Himmel und der Schweif
99	Die Fremde
100	Nachwuchs
101	Geschichte des Kirschbaums
104	Das Ohr
105	Performance

Bela Chekurishvili, geboren 1974 in Gurjaani (Georgien), hat georgische Sprache und Literatur an der Universität Tiflis studiert. Sie arbeitet als Kulturjournalistin und ist Doktorandin für Komparatistik an der Universität Tiflis, zur Zeit studiert sie an der Universität Bonn. Autorin von drei Lyrikbänden.

Norbert Hummelt, geboren 1962 in Neuss, lebt als freier Schriftsteller in Berlin. Zuletzt erschienen: T.S. Eliot, *Vier Quartette/Four Quartets* (Übers., 2015) und der Gedichtband *Fegefeuer* (2016).

Bela Chekurishvili
Wir, die Apfelbäume
Gedichte

Wir, die Apfelbäume – wozu blühen wir überhaupt? Wie kommt Sisyphos zu seinem Stein, wie hat Salome das Tanzen gelernt? Und wenn einer sein Kreuz trägt und klagt – was sagt das Kreuz dazu? Bela Chekurishvilis Gedichte gehen vielen Fragen nach; die Fragwürdigkeit des Lebens überhaupt, seiner Einrichtungen und Übereinkünfte, ist ein zentrales Motiv ihres Schreibens. Und ob sie nun zum prosanahen, skeptischen Blocksatz tendieren oder im Urvertrauen auf den Reim zu tanzen beginnen – immer sind diese Gedichte elektrisch geladen.

Nach Interlinearversionen von Tengiz Khachapuridze
aus dem Georgischen von Norbert Hummelt
80 Seiten, Broschur
2016, Reihe P
hg. v. Joachim Sartorius, Hans Thill und Ernest Wichner
EUR 17,90 (D), 18,40 (A)
ISBN 978-3-88423-540-9

www.wunderhorn.de